AF312665

INSTRUMENTS DE SILEX

DANS LE DILUVIUM

DÉPOT LÉGAL
Somme
N° 80
1864

INSTRUMENTS

DE SILEX

DANS LE DILUVIUM

PAR

JOHN EVANS

FSA, FSG,

Traduit de l'Anglais par S. FERGUSON Fils.

—◇—

AMIENS

IMPRIMERIE DE T. JEUNET

47, RUE DES CAPUCINS, 47.

—

1864

INSTRUMENTS DE SILEX

DANS LE DILUVIUM

Les rapports naturels qui existent entre la géologie et l'archéologie ont été signalés à plusieurs époques par plus d'un adepte des deux sciences [1], et il est évident, pour quiconque y réfléchit, que ces deux branches traitent du temps passé comparé au temps présent. En effet, l'une se mêle et s'identifie à l'autre par des degrés presque imperceptibles; le but de chacune d'elles est d'étudier les vestiges anciens, de donner une existence idéale aux jours depuis longtemps écoulés, de retracer l'état des choses d'une époque reculée, et, pour ainsi dire, de repeupler la terre de ses premiers habitants.

Le rôle de l'antiquaire, comme celui du géologue, est de reconstituer un tableau vivant, au moyen de quelques traits détachés, de s'identifier avec le passé, de manière à décrire et à suivre, comme le ferait un témoin oculaire, les changements qui se sont opérés sur la terre à diverses époques [2]. Par le fait, la géologie n'est que la sœur aînée de l'archéologie, et il n'est pas étonnant que l'une puisse à

---

[1] Voir un article de M. le docteur MANTEL dans le *Archæological Journal*, vol. VII, p. 327.

[2] PRESTWICH, *the ground beneath us*, p. 6.

l'occasion rendre des services fraternels à l'autre, malgré la supposition, généralement accréditée, que le dernier des grands changements géologiques eut lieu à une date bien antérieure à l'apparition de l'homme sur la terre, et que les modifications de la surface du globe dont il a été témoin ont été, à l'exception des perturbations produites par l'agent volcanique, insignifiantes et même peu apparentes.

Le sujet de cet article, la découverte d'instruments faits de main d'homme dans des couches, incontestablement intactes, de gravier, de sable et d'argile, tant sur le continent qu'en Angleterre, tend à démontrer que cette opinion est erronée, et que, dans cette partie du globe, au moins, sa surface a subi de plus grandes vicissitudes, depuis la création de l'homme, qu'on ne l'a supposé jusqu'ici. Une découverte de ce genre doit nécessairement être d'un grand intérêt pour le géologue, en lui offrant une date approximative de la formation des couches superficielles du diluvium, et un exemple des changements que la Faune de cette région a subis depuis que l'homme a paru parmi les êtres qui l'habitaient ; cette même découverte intéresse au même degré l'antiquaire, en lui fournissant les premières reliques de la race humaine, qu'il pourra apprendre à connaître, reliques de tribus d'une époque si reculée que l'antiquité ne semble avoir commencé que longtemps après l'apparition de la première.

Mais au-delà du cercle limité de ceux que la géologie et l'archéologie intéressent particulièrement, cette découverte attirera l'attention spéciale de tous ceux qui, au point de vue ethnographique, philologique ou théologique, cherchent à se renseigner dans la grande question de l'antiquité de l'homme sur la terre.

C'est principalement au point de vue de l'antiquité que je me propose de l'envisager ; cependant, pour l'éclaircissement des circonstances dans lesquelles ces instruments ont été trouvés, il sera nécessaire d'entrer dans différents détails géologiques.

Il y a déjà quelques années [1] qu'en France, un antiquaire distingué, M. Boucher de Perthes, dans son ouvrage sur les « *Antiquités celtiques et antédiluviennes*, » appela l'attention sur la découverte d'instruments de silex, façonnés de main d'homme, dans les carrières d'où l'on extrait le sable et le gravier, aux environs d'Abbeville; ces instruments étaient placés dans des positions et à une profondeur telle, au-dessous de la surface de la terre, que M. Boucher de Perthes fut induit à en conclure que leur gisement était l'endroit même où ils avaient été déposés lors de la formation des couches qui les contenaient. L'avis donné par ce savant, d'une découverte faite dans des circonstances si remarquables, fut accompagné du récit d'autres trouvailles de silex de formes variées, d'un caractère beaucoup plus douteux, et suivi de l'énoncé de théories qui ont pu être considérées alors, par beaucoup de personnes, comme étant fondées sur une base de faits incertains. Si les découvertes, aujourd'hui incontestables de M. Boucher de Perthes, n'ont pas été d'abord accueillies par les savants de France et d'Angleterre avec l'attention qu'elles méritaient, c'est probablement à cette cause qu'il faut attribuer cette indifférence.

La question de savoir si l'homme avait ou n'avait pas coexisté avec les pachydermes et autres mammifères de race éteinte, et dont les ossements sont si fréquemment trouvés dans des dépôts géologiques plus récents, avait en effet déjà été plus d'une fois mise à l'ordre du jour dans le monde scientifique, à l'occasion de la découverte d'éclats de silex, d'instruments et de fragments de poterie grossière, réunis aux vestiges de ces animaux dans plusieurs

[1] En 1839.

cavernes *ossifères*, tant en Angleterre que sur le continent [1].

Parmi les premières découvertes, on peut citer celles qui ont été faites à *Kent's Cavern*, près de Torquay, et parmi les dernières celles de Bize, de Pondres, de Souvignargues et celles des bords de la Meuse, près de Liége, explorées par le docteur Schmerling, et où il existait des ossements humains, qui, selon toute apparence, ont été amenés par les eaux, en même temps que ceux des quadrupèdes de races éteintes [2].

Dans quelques fosses ossifères du Brésil, le docteur Lund et M. Claussen ont aussi fait des découvertes semblables, et d'après l'état et la position de ces restes humains, le docteur Lund a conclu qu'ils avaient dû appartenir à une ancienne tribu contemporaine de quelques-uns de ces mammifères dont la race est perdue.

Il y a toujours eu incertitude quant aux dépôts trouvés dans les cavernes, vu la possibilité du mélange, dans ce genre de localité, de reliques provenant de deux ou de plusieurs époques entièrement distinctes, mélange provenant soit de l'action de l'eau, soit des travaux exécutés par les primitifs habitants humains de ces grottes, ce qui rendait impossible tout jugement positif.

L'attention a cependant été appelée récemment encore sur cette question, par le fait, que dans les excavations opérées, sous les auspices des Sociétés royale et géologique, dans les cavernes de Brixham (Devonshire), des silex travaillés ayant l'apparence de têtes de flèches et de lances, ont été trouvés en juxta-position avec les ossements du *rhinocéros tichorhinus*, de l'*ursus spelæus*, de la *hyæna spelæa* et d'autres animaux de race éteinte [3]. Un instrument

[1] Lyell's *Principles of Geology*, Ed. 1853 ; p. 737, 738, etc.

[2] Mantell's *Petrifactions and their Theachings*. — 1851, p. 481.

[3] *Proceedings of Geological Society*, 22 juin 1859.

de silex surtout fut découvert immédiatement au-dessous d'un bel andouiller de renne et d'un os d'ours de caverne enterrés dans la stalagmite supérieure au milieu de la caverne.

En outre le docteur H. Falconer, en faisant des recherches dans la grotta di Maccagnone, près de Palerme, trouva enterré dans une brèche calcaire, au-dessous de l'enveloppe stalactite du sommet, des *Coprolithes* de l'*hyæna*, des éclats d'os, des dents de ruminants et du genre *Equus*, joints à des résidus de coquillages, de morceaux de carbone, de taches d'une matière argileuse semblable à l'argile brûlée et de fragments d'objets siliceux travaillés. Ces objets de silex ressemblaient beaucoup aux couteaux et aux éclats de silex que l'on trouve si fréquemment dans toutes les parties du globe ; et nous devons faire observer que, quoiqu'ils fussent en grande abondance dans la brèche, les fragments informes de silex était relativement rares ; de plus, il n'existait ni galets, ni blocs de silex, soit à l'intérieur, soit à l'extérieur de la caverne ; de sorte qu'on ne pouvait douter que ces instruments de silex ne fussent le travail de l'homme [1].

La coexistence de l'homme avec les animaux de race éteinte de l'époque diluvienne ayant été ainsi remise en question, M. Joseph Prestwich F. R. S. [2], géologue distingué, qui depuis de longues années a dirigé principalement son attention vers les formations géologiques plus modernes, résolut de se rendre à Abbeville, afin de vérifier, sur les lieux mêmes, les découvertes de M. Boucher de Perthes, et il m'engagea, avec plusieurs autres membres de la Société géologique, à l'accompagner. Les autres personnes ne purent pas se rendre à son invitation ; mais à la fin d'avril 1859, j'allai rejoindre M. Prestwich à Abbeville,

[1] *Quarterly Journal of the Geological Society*, vol. XVI, p. 104.
[2] F. R. S. Membre de la Société royale de Londres.

et nous visitâmes ensemble la collection de M. de Perthes, dont la courtoisie et l'hospitalité nous ont vivement touchés ; puis, en sa compagnie, nous allâmes aussi voir plusieurs fosses, dans le voisinage d'Abbeville et d'Amiens, dont on tirait du gravier et du sable et dans lesquelles on affirmait avoir trouvé les silex en question.

L'emplacement de ces deux villes (Amiens et Abbeville) se trouve sur la craie supérieure qui, cependant, ainsi que cela arrive souvent, est recouverte par des couches de diluvium d'une époque beaucoup plus récente. *Diluvium* est le terme appliqué par les géologues à ces dépôts superficiels de sable, de gravier, d'argile, de limon que nous trouvons très-répandus sur les plus vieux rochers dans beaucoup de localités, par l'action entraînante des courants d'eau douce, ou d'eau de mer, ou encore par l'impulsion des glaces. Quoiqu'elles appartiennent à une époque géologique récente (*pliocène*), ces couches de diluvium sont plus ou moins anciennes, et on peut leur assigner une période de formation qui s'étend depuis l'époque antérieure à celle des glaces, lorsque toute la Grande-Bretagne était immergée dans une atmosphère de température arctique, jusqu'à celle où la surface de la terre reçut sa configuration actuelle, et même jusqu'à nos jours ; car l'alluvium des rivières actuelles peut être considéré comme l'équivalent du diluvium d'eau douce des temps primitifs.

Les assises de diluvium des différentes localités, aux environs d'Abbeville et d'Amiens, ne paraissent pas avoir été toutes déposées en même temps, mais à deux époques distinctes, au moins. Les séries du niveau inférieur se distinguent par la présence d'ossements et de dents d'*elephas primigenius* ou mammouth de Sibérie et d'autres animaux de race éteinte. Ces couches de mammifères, de sable, de limon et de gravier embrassent une grande étendue de pentes dans la vallée de la Somme, et servent dans beaucoup de localités à réparer les routes et à bâtir.

Les endroits des environs d'Abbeville où le gravier a été le plus remué sont d'abord celui du Champ-de-Mars, la fosse près du Moulin Quignon et celle près la porte Saint-Gilles ; mais les assises de gravier couvrent un grand espace et s'étendent, dit-on, depuis le Moulin Quignon, placé au sud-est d'Abbeville et à environ 30 mètres au-dessus du niveau de la Somme, jusqu'au faubourg Menchecourt, situé au nord-ouest de la ville, où les couches présentent un aspect plus arénacé et où l'on a trouvé du sable en grande quantité, à sept mètres environ au-dessus de la surface de la Somme.

A Saint-Roch, au faubourg d'Amiens, le dépôt est assez bas, comme à Menchecourt, et dans les deux endroits on a rencontré de grandes quantités de dents et d'ossements de l'*elephas primigenius*, du *rhinoceros tichorhinus* et d'autres animaux dont la race n'existe plus.

Dans une localité d'un autre côté d'Amiens, à l'opposé de Saint-Roch, près du convent de Saint-Acheul, existent des fosses où le diluvium se présente à une plus grande hauteur, à 30 mètres au-dessus du niveau de cette partie de la Somme, soit à 60 mètres environ au-dessus du niveau de la mer. La profondeur des couches qui consistent en terre à briques, en sable et en gravier, placées en assises de diverses épaisseurs, mais ayant une apparence de stratification, mesure à cet endroit de 7 à 8 mètres.

La section suivante a été relevée par M. Prestwich [1] et montre les assises en commençant par le haut :

1° Terre à briques brune, limon et argile, avec une couche irrégulière de gravier de silex près de sa base, aucun vestige organique, 4 à 5 mètres d'épaisseur.

[1] *Proceedings, of the royal Society, mai* 26, 1859.

— Plan séparant les n°s 1 et 2 — très-inégal et dentelé;

2° Marne blanchâtre et sable quartzeux, avec grès calcaire menu. Coquillages de terre et d'eau douce. (*Lymnæa Succinea, Helix, Bithinia, Planorbis, Pupa, Pisidium* et *Ancylus*), toutes espèces récentes, en assez grand nombre, ossements et dents de mammifères çà et là; mesure 1 à 3 mètres;

3° Gravier grossier et subangulaire, blanc, avec des veines ocreuses et ferrugineuses, galets tertiaires de silex et blocs de grès. Vestiges de coquillages semblables à ceux cités plus haut, renfermés dans des plaques de sable; dents et ossements d'éléphants, d'une espèce de cheval, de bœuf et de cerf, généralement dans le fond de la couche. Cette assise repose sur une couche inégale de craie et mesure de 2 à 4 mètres.

Une des fosses existe sur l'emplacement d'un cimetière gallo-romain, qui paraît avoir servi pendant plusieurs années; on y rencontre souvent de grands cercueils en pierre et des crochets provenant de cercueils en bois; mais rarement des ornements personnels. On y trouve également de temps en temps des monnaies romaines, dont quelques-unes remontent au règne de Claudius, et j'ai acheté moi-même à l'un des ouvriers une pièce de cuivre de Magnentius, portant dans l'exergue les lettres A. M. B., ce qui prouve qu'elle avait été frappée à *Ambianum*, nom donné vers la fin de l'époque romaine à la ville voisine d'Amiens et connue des Gaulois sous celui de *SAMAROBRIVA*.

Au Moulin Quignon, qui se trouve près d'un monticule peu élevé, les couches de diluvium sont plus ocreuses et plus graveleuses qu'à Saint-Acheul et mesurent 3 à 4 mètres d'épaisseur. Dans ce cas aussi, elles sont déposées sur une surface irrégulière de chaux, et dans le fond de ces couches, à une très-petite distance au-dessus de la chaux, on assure avoir découvert des silex façonnés de main d'homme et accompagnés quelquefois d'os et de dents du mammouth de Sibérie et d'autres animaux. A Menchecourt les couches de sable et de limon atteignent l'épaisseur de 6 à 9 mètres, et dans le fond, au milieu d'un dépôt de galets de silex, mélangés de coquillages terrestres, marins et d'eau douce, on a aussi rencontré un certain nombre de vestiges de mammifères joints à des silex portant les traces de la main de l'homme.

Voici la section d'une fosse à Menchecourt, relevée par M. Prestwich :

1° Une masse d'argile sablonneuse, brune, avec des fragments angulaires de silex et de moellon. Aucun vestige humain. Base très-irrégulière et pénétrant par endroits dans la couche n° 2. Mesurant de 0 m. 60 à 3 m. 50.

2° Une argile sablonneuse claire (sable à plaquer, des ouvriers) semblable au *Loess*, contenant des coquillages terrestres (*Pupa, Helix, Clausilia*) d'espèces récentes, mesurant de 2 m. 50 à 7 m. 50.

3° Du sable blanc ou *aigre* avec 40 ou 50 cent. de gravier de silex subangulaire à la base. Cette couche abonde en coquillages terrestres, d'eau douce et d'espèces récentes du genre des *Helix, Succinea, Cyclas, Pisidium, Valvata, Bithinia* et *Planorbis*, ainsi que des espèces marines telles que *Buccinum undatum, Cardium edule, Littorina rudis, Tellina solidula* et *Purpura lapillus*. Avec eux on a aussi trouvé le *Cyrena consobrina* et de nombreux vestiges de mammifères.

La couche mesure de 0 m. 60 à 2 mètres.

4° De la marne sablonneuse claire, dure par endroits, sans veines, mélangée de *Helix*, de *Zonites*, de *Succinea* et de *Pupa*, et mesurant 0 m. 92 environ.

Il paraît qu'il existe des instruments en silex dans les couches d'argile sablonneuse qui se trouvent au-dessus du sable *aigre*, mais depuis quelques années on a peu travaillé à la fosse et on a par conséquent trouvé peu d'instruments. Dans la section des couches de Menchecourt donnée par M. Boucher de Perthes, l'endroit où on a trouvé deux silex travaillés est environ à 2 mètres de la surface, et un autre gisement à 4 mètres; cependant il paraît qu'ils sont en plus grand nombre dans les couches inférieures. Au Moulin Quignon, à la porte Saint-Gilles, et à d'autres endroits de l'arrondissement d'Abbeville, comme par exemple à Yonval, à la fosse à gravier de Mareuil, à la fosse à sable de Drucat et à Saint-Riquier, des instruments semblables de silex sont signalés par M. Boucher de Perthes comme ayant été trouvés dans des conditions identiques; mais je n'ai pas visité ces dernières localités.

Tout le diluvium que je viens de décrire est d'origine fluviale, et dans les couches de sable et d'argile on rencontre souvent et en abondance des coquillages terrestres et d'eau douce d'espèces récentes, quoiqu'à Menchecourt, comme il a été dit plus haut, ils soient mélangés de coquillages marins, ce qui donne à ce dépôt un caractère plus estuaire.

Je pense qu'il n'est pas du tout impossible que ces couches arénacées de Menchecourt, soient reconnues dans la suite, comme étant postérieures aux couches plus sablonneuses du Champ de Mars et du Moulin Quignon, de l'autre côté d'Abbeville; leur élévation au-dessus du niveau de la Somme ne peut guère être évaluée qu'à 6 ou 9 mètres, de sorte que dans des conditions ordinaires quelques personnes auraient pu les attribuer à l'action de cette rivière, action qui aurait produit son effet à une époque assez semblable, au point de vue matériel, à l'époque actuelle, si les vestiges de mammifères trouvés tant à Menchecourt qu'à Saint-Roch ne démontraient une *faune* entièrement différente de celle de nos jours. Dans tous les cas, comme on peut raisonnablement supposer que les dépôts de diluvium des pentes élevées de la vallée sont contemporains de ceux du fond, sinon plus anciens, les vestiges de mammifères de ces derniers acquièrent une grande importance, pour préciser l'âge des dépôts supérieurs qui peuvent précisément être dénués de vestiges analogues. Cette question du reste est purement géologique et il n'est pas opportun de la traiter en ce moment.

M. Prestwich, dans le savant rapport qu'il a communiqué à la Société royale sur ce sujet, s'est tellement étendu sur les descriptions géologiques de cette partie de la vallée de la Somme, que plus de détails seraient inutiles : je me bornerai donc à cette esquisse générale de l'état du diluvium à Abbeville et à Amiens, et je renverrai ceux qui désireraient de plus amples renseignements à ce rapport de M. Prestwich, contenu dans les *Mémoires de la Société royale de Londres*. J'ajouterai simplement un fait : c'est que d'après cet auteur, le gravier de Saint-Acheul ressemble infiniment à celui que l'on trouve sur quelques points de la côte de Sussex, et que les couches du Moulin Quignon sont presque analogues à celles qui gisent près de la station de *East Croydon*, et sur beaucoup de points de la vallée de la Tamise. Parmi les animaux dont les races sont pour la plupart éteintes, qui ont été considérés jusqu'ici comme ayant cessé d'exister même avant l'apparition de l'homme sur la terre, et dont les ossements ont été découverts dans le diluvium à Menchecourt, on peut, d'après les « *Antiquités Celtiques et Antédiluviennes* », de M. de Perthes et d'après *l'Esquisse géologique du département de la Somme*, de M. Buteux, citer les suivants :

Elephas primigenius (Mammouth de Sibérie). — *Rhinocéros tichorhinus*. — *Ursus Spelæus*. — *Felis Spelœa*. — *Hyæna Spelœa. Cervus tarandus priscus*. — *Cervus Somonensis*. — *Bos primigenius*. — *Equus fossilis*.

Les restes de mammifères trouvés à Saint-Acheul et les

ossements qui ont été recueillis sur d'autres points dans le diluvium de la vallée de la Somme, représentent les mêmes genres, quoique dans quelques localités le nombre des espèces en soit plus restreint. A Saint-Roch, des dents d'hippopotame ont aussi été récemment rencontrées. Des vestiges du même groupe d'animaux ont également été découverts dans la caverne de Brixham et dans celle appelée « *Kent's Cavern*, près de Torquay, et sont constamment mis à jour dans le diluvium superficiel d'eau douce qui abonde sur beaucoup de points de ce pays. Le rhinocéros et le maimmouth appartiennent aux mêmes espèces que celles dont les corps gelés, mais conservant encore la chair, la peau et le poil, ont été trouvés sous le sol aux limites glaciales de la Sibérie. Ces deux espèces paraissent avoir été adaptées à un climat bien plus froid que les espèces actuelles.

Dirigeons maintenant notre attention vers les instruments de silex qu'on nous dit avoir été découverts dans le diluvium, en même temps que les restes de ce qui a été regardé généralement comme ayant appartenu à un monde ancien ; et considérons d'abord jusqu'à quel point ils ressemblent en matière, en forme et en main-d'œuvre, aux armes et instruments de pierre trouvés dans toute l'Europe, ou en quoi ils en diffèrent ; nous examinerons les circonstances dans lesquelles ils ont été découverts et les moyens que nous possédons pour rechercher leur degré d'antiquité.

Qu'ils soient réellement des instruments façonnés de main d'homme, il suffirait, je pense, d'un simple coup d'œil jeté sur une collection de ces objets rangés les uns près des autres, de manière à montrer l'analogie de la forme des spécimens variés, pour convaincre les plus incrédules. Il existe entre eux une telle uniformité de forme, une telle pureté de contours, les taillants et les pointes en sont si tranchants, qu'ils ne peuvent être le résultat que d'une intention [1] ; de sorte qu'il est inutile de m'arrêter pour combattre l'opinion qui aurait pu être émise, et tendant à prouver que la ressemblance de ces silex avec les armes est due à quelque forme naturelle, ou provient d'une tendance inhérente du silex à une forme particulière de fracture.

La matière dont ils ont été formés, et qui n'est autre que du silex provenant de la craie, est la même qui a été employée dans la fabrication des instruments tranchants, par l'homme non civilisé de tous les temps, dans les pays où l'on rencontre le silex. Sa dureté et la facilité avec laquelle elle peut être fracturée, de manière à produire un taillant tranchant, l'ont beaucoup mise en usage parmi les tribus sauvages ; et, dans quelques cas [2], les silex paraissent avoir été apportés de loin, quand ils ne se trouvaient pas sur les lieux. Il n'existe rien, par conséquent, pour faire distinguer (quant à la matière) ces instruments trouvés dans le diluvium de ceux qu'on appelle *haches celtiques* ; on peut dire seulement que les silex des premiers n'ont pas été choisis avec autant de soin que ceux de l'époque de pierre. On doit cependant faire remarquer que les tribus primitives de la période de pierre firent usage, en outre des silex,

[1] Depuis la publication du compte-rendu de ce Mémoire dans « the *Athenæum*, » il a paru, dans ce journal et dans d'autres, quelques correspondances traitant la question à savoir : si ces instruments étaient d'origine humaine ou naturelle. Ces correspondances ont provoqué l'opinion suivante du professeur Ramsay, qui est un juge tout-à-fait compétent en cette matière : « Pendant plus de vingt ans, comme d'autres de mes confrères, j'ai journellement manié des pierres façonnées, soit par la nature, soit par la main de l'homme. Les haches de silex d'Amiens et d'Abbeville me semblent être tout aussi bien des travaux d'art que les petits couteaux de Sheffield. » — *Athenæum*, 16 juillet 1859.

[2] Wilson's *prehistoric Annals of Scotland*, p. 121.

d'autres pierres, telles que le diorite, le syénite, le porphyre, le schiste argileux, le jade, etc., tandis que les armes du diluvium sont, autant qu'il a été reconnu jusqu'ici, exclusivement en silex. Quant à la forme, les instruments du diluvium peuvent, pour plus de clarté, être divisés en trois catégories, parce qu'il y en a tant de variétés, que les classes (surtout la deuxième et la troisième) peuvent être fondues ou mélangées l'une dans l'autre. Voici la classification que je propose :

1° Eclats de silex destinés apparemment aux têtes de flèches ou aux couteaux ;

2° Armes pointues dont quelques-unes sont probablement des têtes de lances ;

3° Instruments ovales ou de forme en amande, présentant un taillant tranchant tout autour.

On peut voir dans la collection de M. de Perthes et par les gravures de son ouvrage « *Antiquités Celtiques et Antédiluviennes* », beaucoup d'autres formes que cet auteur considère aussi comme des instruments ; mais sur ceux-ci, les traces de la main de l'homme sont, selon moi, moins certaines. Les silex dont la forme ressemble à une variété d'animaux, d'oiseaux et d'autres objets, doivent être regardés, je pense, comme l'effet d'une concrétion accidentelle, d'une couleur et d'une fracture particulières au silex, plutôt que façonnés à dessein. D'ailleurs il est inutile d'entrer dans cette question, parce que, actuellement, elle n'intéresse, en aucune façon, le sujet que nous traitons. Il suffit qu'il existe en abondance des instruments, trouvés dans le diluvium, qui sont évidemment le travail de la main de l'homme, et qu'il est impossible que leur formation soit attribuée à l'effet d'un accident ou au résultat de causes naturelles. Lorsque leur degré d'antiquité sera suffisamment établi, il y aura matière à rechercher plus longuement s'il n'y aurait pas, outre ces instruments eux-mêmes, d'autres vestiges de la race humaine qui les a façonnés.

Je vais maintenant considérer ces objets, dans l'ordre proposé, en ce qui concerne leur analogie et leur différence de forme, comparés aux instruments que, pour plus de facilité, je classerai dans la période de pierre.

Il existe une ressemblance notable entre les éclats de silex destinés apparemment aux têtes de flèches et aux couteaux (la première des classes dans lesquelles j'ai divisé les instruments), et ceux qui, trouvés dans ce pays ou sur le continent, sont considérés comme appartenant à une époque très-rapprochée de notre histoire. Le fait est, que, partout où le silex est employé à la fabrication des instruments, la plupart des éclats provenant de leur confection présentent inévitablement des pointes aiguës ou des taillants qu'une race d'hommes, vivant principalement de chasse, a très-certainement utilisés comme pointes de lances ou de flèches, ou comme armes tranchantes. Ces éclats de silex étaient si rapidement façonnés et si bien adaptés à ces emplois, sans aucun autre fini, que de tous les temps ils ont été employés tels qu'ils résultaient de la fabrication des instruments. D'ailleurs, là où il ne s'est produit aucun changement à la surface du silex, par une longue exposition à quelque influence chimique, la grande simplicité de la forme des éclats empêchera de distinguer ceux qui remontent à l'époque la plus reculée d'avec ceux d'aujourd'hui. Comme ils sont le plus souvent le résultat d'un seul coup sec, il sera toujours difficile de reconnaître, dans une masse de silex, ces éclats formés accidentellement par des causes naturelles, de ceux faits par la main de l'homme. Cependant, un œil expérimenté découvrirait facilement la vérité; mais pour les raisons dont j'ai parlé, de simples éclats de silex, quelque analogie qu'ils aient avec ceux que nous savons avoir été faits par l'industrie humaine, ne peuvent pas être acceptés comme une preuve concluante du travail de l'homme, à moins qu'ils ne soient trouvés en quantités suffisantes ou dans des circonstances telles que, par leur nombre et leur position, le but de leur formation soit démontré. Des éclats de silex, destinés apparemment aux têtes de flèches et aux couteaux, ont été trouvés dans les sables et dans le gravier près d'Abbeville, et quelques-uns ont été extraits du fond même du lit de sable à Menchecourt, en présence de M. Prestwich.

On peut conclure, en faveur de la plupart de ces éclats (espèces de têtes de flèches), qu'ils ont été faits à dessein, non-seulement en raison de leur similitude de forme, mais aussi parce que l'existence d'instruments de silex, plus soigneusement travaillés, implique presque nécessairement la formation et l'usage de ces armes plus grossières, par la même race d'hommes qui étaient assez habiles pour tailler des formes plus difficiles. Mais, quoiqu'étant probablement le travail de l'homme, et quoique ressemblant intimement aux éclats de silex que l'on a considérés comme une preuve de l'existence de l'homme, lorsque les silex étaient trouvés dans des cavernes osseuses, ce genre d'instruments n'a pas autant d'importance dans cette partie de notre étude, parce que, tout en les considérant comme le produit de l'homme, et non comme le résultat du hasard, il existe peu de points sur lesquels on puisse les distinguer des instruments semblables d'une date plus récente.

Le cas est différent pour les instruments de la deuxième classe (ceux analogues en forme aux têtes de lances). Il y en a de deux variétés : l'une possédant une pointe tranchante, arrondie, et dont le contour général présente une sorte de courbe parabolique, et l'autre très-pointue, ayant les côtés légèrement évasés ; ces derniers ont reçu, des ouvriers de Saint-Acheul, le nom de *langues de chat*, par la ressemblance imaginée de leur forme à la langue du chat. Les bords des deux espèces sont formés en taillant par des éclats, mais ils ne sont pas aussi tranchants qu'à la pointe, et en général ces instruments paraissent être plutôt destinés à percer qu'à couper. En longueur, ils varient de 10 à 20 et même 23 centimètres. Les deux formes sont généralement plus convexes sur un côté que sur l'autre ; la convexité, dans quelques cas, s'élève presque en dos d'âne ; ils sont ordinairement tronqués à leur base, et quelquefois ce même bout présente une portion de la surface originale du silex ; dans quelques spécimens, le bout est très-gros, comme si le but avait été de présenter une résistance aux coups portés par l'instrument. Ce qu'il y a de remarquable dans leur nature, c'est que la pointe seule est destinée à trancher et à percer, au lieu que, dans la forme ordinaire des haches de pierres ou *haches celtiques*, le taillant tranchant est presque sans exception au gros bout, et l'extrémité la plus pointue semble destinée à être emboîtée dans un manche ; les côtés sont généralement arrondis ou plats.

Ces instruments, en forme de lances, provenant du diluvium, ne sont pas du tout, au contraire, destinés à être introduits dans un manche, mais ils sont mieux calculés pour être liés à une poignée possédant un arrêt ou un crochet à l'endroit du bout tronqué. Beaucoup d'entre eux semblent, il est vrai, avoir été préparés pour servir sans poignée, attendu que le bout arrondi des silex dont ils sont formés a été laissé intact et présente une sorte de manche naturel. Il est presque inutile de chercher le but de leur destination ; seulement, attachés à un manche, ils seraient des armes formidables pour combattre l'homme ou les plus grands animaux, soit dans une lutte corps à corps, soit lancés à distance en guise de dards. — M. de Perthes a supposé que quelques-uns de ces instruments peuvent avoir été employés simplement comme coins à fendre le bois, ou encore qu'ils ont été employés pour râper des tubercules ou pour cultiver la terre, et il prétend que la race d'hommes qui les fit était suffisamment civilisée. Je pense qu'on peut affirmer, avec certitude, qu'ils ne ressemblent, par leur forme, à aucun des instruments ordinaires de la période de pierre.

La même remarque peut être faite à l'égard de la troisième classe dans laquelle j'ai divisé ces instruments, savoir : ceux ayant un taillant tranchant tout autour. En général, ils sont de forme ovale avec un bout plus arrondi que l'autre, et parfois ils finissent en pointe aiguë ; mais il y a une variété considérable dans leur forme, variété provenant probablement de défauts dans les silex dont ils ont été formés ; l'idée dominante est cependant celle d'une forme ovale plus ou moins aiguisée. Ils sont souvent presque également convexes des deux côtés, et la longueur de quelques-uns varie de 5 à 20 ou 23 centimètres. Cependant la plupart ont seulement 10 à 13 centimètres de long. Les instruments de cette forme paraissent être en plus grande abondance dans les environs d'Abbeville, tandis que ceux en forme de têtes de lances sont en majorité près d'Amiens.

Il est à remarquer que parmi les instruments découverts dans la caverne appelé « *Kent's Hole*, » près de Torquay, il y en avait quelques-uns dont la forme était identique à celle d'Abbeville.

Ainsi que je l'ai dit précédemment, ces derniers instruments n'ont aucune ressemblance avec les instruments ordinaires de pierre que je connais, quoique quelques-uns de ces derniers présentent aussi, je crois, un taillant tranchant tout autour [1] ; mais ils sont en même temps plutôt minces et triangulaires qu'ovales ou en forme d'amande.

[1] *Catalogue* du Musée de l'Institut archéologique d'Edimbourg, en 1856, p. 7.

Les instruments ressemblant le plus, par leur forme ovale, aux haches qui font l'objet de cet examen, sont ceux trouvés dans les monticules ou *tumulus* de la vallée du Mississipi, dans lesquels on a aussi découvert une grande quantité de têtes de lances et de flèches. A l'intérieur de l'un de ces monticules, dans un terrassement sur la fourche nord de *Point Creek*, on a trouvé, déposés en couches régulières, quelques milliers d'éclats de pierre dure : les uns étaient presque ronds, d'autres avaient la forme de têtes de lances; ils étaient de différentes dimensions, mais la plupart avaient 15 centimètres de longueur sur 10 centimètres de largeur et 2 à 2 ½ centimètres d'épaisseur. Selon le rapport de « The Smithsonian Contributions to Knowledge », t. 1, page 214, il paraîtrait que ces armes n'étaient que grossièrement ébauchées comme si elles étaient destinées à être mieux finies ensuite, pareilles à quelques spécimens qu'on a rencontrés antérieurement; mais, parmi les instruments ébauchés, représentés par les gravures dans l'ouvrage sus-mentionné, il existe une intime ressemblance avec quelques-uns de ceux de la forme d'Abbeville, quoique les taillants soient plus ébréchés.

Il est difficile de reconnaître l'usage auquel cette classe d'instruments de silex du diluvium était destinée dès son origine. Les ouvriers qui les trouvent ordinairement les considèrent comme ayant servi de pierres à frondes, et il est possible que quelques-uns, du plus petit volume, aient été lancés, soit d'une fronde ordinaire, soit du bout d'un bâton fendu : d'ailleurs, plusieurs semblent être trop volumineux pour cet usage, et il est plus probable que ces instruments étaient destinés à servir de haches à deux tranchants et possédaient un manche solidement attaché par le milieu. S'il en était ainsi, il y aurait une raison en faveur de la nécessité d'avoir un bout plus pointu que l'autre, de manière à ce qu'un même instrument pût servir à deux usages différents.

M. de Perthes a pensé qu'ils pourraient aussi avoir été montés en guise de hachettes par leur emboîture dans un manche ; mais ce ne sont que des conjectures.

En fait de main-d'œuvre, je pense qu'on reconnaîtra que les armes ou instruments, dont nous parlons ici, diffèrent considérablement de ceux que l'on assigne à la période de pierre : ces derniers en plus grand nombre (à l'exception des têtes de flèches), sont plus ou moins frottés et même polis ; quelques-uns le sont, avec le plus grand soin, sinon entièrement, de manière à produire un taillant net et tranchant. Autant qu'on a pu le constater jusqu'ici, les instruments du diluvium ne sont, au contraire, jamais frottés, mais leurs tranchants subsistent à l'état brut, tels qu'ils ont été formés primitivement.

Ils paraissent avoir été façonnés par des coups donnés avec un caillou arrondi monté en marteau, et appliqués directement sur chaque côté du bord des instruments, de manière à faire jaillir des éclats. Quoi qu'il en soit, j'ai, par ce procédé, donné à des silex quelques-unes de ces formes, et les taillants des instruments ainsi faits présentent précisément le même caractère de fracture que ceux du diluvium.

Dans de certains cas où les armes de l'époque de pierre sont restées dans leur état d'ébauche (soit qu'elles aient été accidentellement laissées inachevées, soit qu'elles n'aient jamais été destinées à l'être), on doit remarquer, à de rares exceptions près, qu'elles sont taillées avec un plus grand soin, et paraissent avoir une surface plus unie que celles du diluvium. Quelque grossières qu'elles paraissent être, elles indiquent un plus haut degré de civilisation que celle de la race d'hommes par qui ces armes ou instruments primitifs ont été façonnés.

Il existe, il est vrai, une classe d'instruments de silex qui sont reconnus comme ayant été trouvés dans les couches de tourbe des bancs de la Somme, lesquels, en fait de rudesse de travail, paraissent égaler ceux des plus anciennes formes, extraits des lits du diluvium, quoique, pour la plupart, ils en diffèrent essentiellement quant à la forme : toutefois, je ne les ai pas étudiés suffisamment pour parler avec confiance de leur caractère précis, et je ne veux pas compliquer la question en y faisant allusion davantage.

Il en a été dit assez, je pense, pour prouver à tous ceux qui ont fait une étude des instruments de l'époque de pierre, déjà connus, que les têtes de lances, les pierres à frondes, les haches ou les instruments de n'importe quel nom, aujourd'hui soumis à leur attention, n'ont que peu de ressemblance avec les types déjà bien connus ; ils seront ainsi préparés à recevoir avec moins de défiance l'observation suivante que j'ajouterai : c'est que ces instruments sont trouvés dans des circonstances démontrant, selon toute probabilité, que la race d'hommes qui les a façonnés, était éteinte longtemps avant que cette partie de la terre ne fût occupée par les tribus primitives ayant fabriqué les armes plus polies considérées jusqu'ici comme de l'antiquité la plus reculée.

J'arrive donc à la question importante : Comment est-il prouvé que ces instruments soient actuellement trouvés dans des lits vraiment vierges d'argile, de gravier ou de sable, et qu'ils n'y aient pas été introduits ou enterrés, à quelque époque antérieure à la formation de ces lits ?

Il existe deux preuves, l'une directe et l'autre circonstantielle ; j'examinerai ici la preuve directe comme étant la plus valable.

Ainsi, nous avons d'abord l'auteur de la découverte originale de cette classe d'instruments, M. Boucher de Perthes, qui a donné, dans presque tous les cas, un témoignage constant de l'évidence de leur découverte dans le diluvium vierge, et ordinairement à une profondeur considérable sous la surface du sol. Que quelques-uns aient été découverts près de la surface, dans la terre qui avait été remuée, cela ne détruit le fait, en aucune façon, que la majorité d'entre eux ait été trouvée dans le sol vierge. Cela prouve seulement, et on pouvait s'y attendre, que le sol contenant ces instruments pouvait avoir été remué, sans qu'ils aient attiré suffisamment l'attention pour avoir été ramassés, ou, s'ils avaient été accidentellement trouvés dans d'autres terrains plus récents, qu'on les avait retirés du gravier, du sable ou de l'argile et rejetés ensuite. Pour le récit détaillé des découvertes de M. Boucher de Perthes, je dois renvoyer le lecteur à son ouvrage déjà cité [1].

Cet ouvrage renferme une foule de particularités sur la découverte de nombreuses armes dont M. de Perthes possède, dans sa collection, d'innombrables spécimens avec indication de la nature de leur matrice de terre, et de la profondeur à laquelle ils ont été trouvés (beaucoup d'entre eux l'ont été sous ses propres yeux). Des procès-verbaux d'un grand nombre de ces découvertes ont été faits au moment même, et quelques-uns sont reproduits dans l'ouvrage auquel nous avons renvoyé le lecteur.

Rien ne peut être plus convaincant que l'assurance verbale de M. de Perthes faite à M. Prestwich et à moi-même, de la découverte de ces instruments dans le gravier et le sable vierges, parfois dans l'argile, quelquefois à une profondeur de 6 à 9 mètres sous la surface du sol, et ordinairement, par couches, à une faible distance au-dessus de la craie. Au besoin, le témoignage d'autres géologues et antiquaires français peut aussi être ajouté comme preuve du caractère géologique de ces lits et de l'existence des instruments de silex qu'ils contenaient.

---

[1] *Antiquités Celtiques et Antédiluviennes*, vol. I., p. 263.

M. Douchet [1], d'Amiens, paraît avoir été le premier auteur des découvertes de ces instruments, à Saint-Acheul, et il adressa à l'Institut français, un Mémoire exprimant sa ferme conviction sur ce sujet.

M. Boucher de Perthes [2], dans le livre déjà indiqué, met encore en évidence le témoignage écrit de M. de Massy et d'autres auteurs : mais l'opinion la plus importante est celle du docteur Rigollot, qui eut l'honneur d'être nommé membre correspondant de l'Institut, peu de temps avant sa mort arrivée en 1855. Dans son « Mémoire sur des instruments en silex trouvés à Saint-Acheul, près d'Amiens », publié en 1855, il entre pleinement dans la question de la nature du diluvium et de la partie des couches dans lesquelles les silex travaillés ont été trouvés, et il expose clairement qu'après le plus minutieux examen, il en vint à conclure que ces instruments sont trouvés, à Saint-Acheul, à une profondeur de 3 mètres et plus sous le sol, exclusivement dans le vrai diluvium qui renferme des vestiges de mammifères dont la race est éteinte.

L'expérience que nous avons acquise, M. Prestwich et moi, nous a pleinement convaincus ; de plus, nous avons eu l'occasion de voir *in situ* — (dans sa position primordiale) — à la carrière de gravier près de Saint-Acheul, plus d'un de ces instruments travaillés. M. Prestwich, qui avait visité les lieux, un ou deux jours auparavant, avait laissé des instructions aux ouvriers, dans le cas où ils découvriraient une de ces *langues de chat* scellée dans le gravier, de la laisser intacte et de le prévenir de suite. Une découverte de ce genre nous fut annoncée à Abbeville, par le télégraphe, et le lendemain matin nous partîmes pour

---

[1] *Antiquités Celtiques et Antédiluviennes*, vol. ɪ., p. 430.
[2] *Idem*, vol. ɪɪ., p. 459.

Amiens où nous fûmes rejoints par M. Dufour, président de la Société des Antiquaires de Picardie, et par M. Garnier, secrétaire de la même Société, qui nous accompagnèrent à la fosse près de Saint-Acheul. Là, à une profondeur de 3 mètres 35 centimètres de la surface du sol, et à environ 1 mètre 37 centimètres du fond de la fosse, dans le banc ou mur de gravier, nous vîmes un instrument de la seconde classe que j'ai décrite, dont la plus grande partie était plantée en queue d'aronde dans le gravier et la pointe en saillie; il était dans une position horizontale; le gravier d'alentour était dur et compact et dans une condition telle, qu'il était tout-à-fait impossible que cet instrument pût y avoir été mis par des ouvriers guidés par l'appât d'une récompense.

Les lits supérieurs consistaient en gravier, en sable et en argile, grossièrement stratifiés, présentant une face verticale et ne montrant pas la plus légère trace de fouille, excepté à 30 ou 45 centimètres de la surface du sol. Les lignes de division entre les lits étaient parfaitement intactes, si bien que leurs différentes natures peuvent être reconnues sur la photographie de la section faite pour M. Prestwich.

Outre *la langue de chat*, ainsi vue *in situ*, les ouvriers de la fosse nous procurèrent un nombre considérable de ces instruments, ainsi que certains autres, de la forme ovale. Ils nous montrèrent les endroits où ils avaient trouvé plusieurs de ces instruments (dont deux, le matin même, à la profondeur de 4^m 50 et 5^m 80 de la surface), et nous n'eûmes aucune raison de douter de leur parole. Je puis ajouter que, depuis cette époque, M. Prestwich, accompagné de quelques autres géologues, a visité de nouveau Amiens, et que l'un d'eux, M. Flower, découvrit et enleva, de ses propres mains, un instrument en forme de tête de lance du plus parfait travail, à une profondeur de 6 mètres

10 centimètres de la surface. Ces Messieurs emportèrent, comme résultat de leur visite d'un jour, plus de trente des instruments qui avaient été recueillis par les ouvriers [1].

Ces fosses sont travaillées de manière à ce qu'il y ait une surface montrant une excellente section du sol; et, à cause de la stratification des lits, on reconnaît facilement quelques places où, à une époque antérieure, des cavernes ont été creusées ou des excavations faites (comme par exemple dans l'ancien cimetière de Saint-Acheul). Les ouvriers des fosses, aussi bien ceux d'Amiens que ceux d'Abbeville, nous donnèrent un témoignage analogue sur la nature, ordinairement vierge, de la couche la plus basse des lits, où des ossements et surtout des dents fossiles sont également découverts.

On peut observer que dans les lits de terre à briques et de sable qui existent au-dessus du gravier de Saint-Acheul, il y a de nombreux coquillages d'eau douce dont quelques-uns sont d'une nature si fragile qu'ils auraient été détruits si le sol avait été remué antérieurement.

Comparativement, les ossements fossiles se rencontrent rarement dans les fosses de gravier, mais le nombre des instruments de silex qui ont été trouvés est presque au-dessus de toute idée. Le docteur Rigollot rapporte que, dans les fosses de Saint-Acheul, entre août et décembre 1854, environ quatre cents spécimens furent trouvés; et maintenant, toutes les fois que le gravier est fouillé sur une certaine étendue, il ne se passe guère un jour sans que l'on n'en trouve un ou deux. Cette grande abondance sur laquelle, toutefois, il est difficile de s'expliquer, fournit une nouvelle preuve de la nature vierge du diluvium.

[1] Voir la lettre insérée dans le *Times*, 18 novembre 1859, et le *Journal trimestriel de la Société géologique*, vol. XVI, p. 190.

Car, comment un tel nombre d'instruments de silex
pourrait-il avoir été introduit, à une époque subséquente
à la formation du diluvium, sans avoir laissé de traces
évidentes des moyens employés pour leur enfouisse-
ment? Ils paraissent aussi être détachés et dispersés dans la
masse de gravier, sans preuve qu'ils y aient été enterrés à
dessein, mais plutôt comme si leurs positions étaient le
résultat du hasard. Une autre chose remarquable est
la découverte d'instruments et d'armes d'une forme
semblable, dans des circonstances analogues, mais
par d'autres personnes, à environ 10 lieues de distance, à
Abbeville et à Amiens. Cependant, les découvertes de cette
nature n'ont pas été faites uniquement dans ces deux
endroits, mais aussi dans diverses localités de cette contrée
où il y avait des excavations dans le diluvium.

Du reste, ce n'est que dans de semblables excavations
que les découvertes ont été faites, et il n'en aurait pas
été de même si les instruments avaient été déposés dans
le gravier par un agent humain. Car, en supposant
qu'il soit possible que quelque race d'hommes inconnus
aient eu l'idée d'enterrer leurs instruments à une profondeur de 3 à 6 mètres sous la surface du sol, ils n'auraient guère, pour cette fin, choisi le sol le plus dur et
le plus impraticable dans leur voisinage, c'est-à-dire un
gravier assez dur et assez compact pour nécessiter l'usage
d'un pic pour le remuer.

Des instruments taillés et polis, appartenant évidemment
à la période de pierre, ont, il est vrai, été trouvés dans le
sol cultivé à beaucoup moins de profondeur de la surface.
Mais ceci tend seulement à prouver, encore une fois, que
les silex taillés, découverts à une profondeur beaucoup
plus grande, appartiennent à une autre race d'hommes ; et,
puisqu'ils ne sont certainement pas l'œuvre d'un peuple
qui a postérieurement existé, nous avons un nouveau

témoignage en faveur de l'opinion émise, qu'ils doivent être attribués à quelque race antérieure qui avait disparu peut-être bien des siècles avant l'occupation de cette contrée par les Celtes. La similitude de forme entre les instruments de silex du diluvium et ceux trouvés dans les dépôts de cavernes que j'ai mentionnés précédemment, est encore une circonstance bien digne de remarque.

D'autre part, beaucoup d'instruments sont recouverts d'une couche de carbonate de chaux formant une incrustation adhérente. Ceci, comme M. Douchet l'a déjà fait remarquer, est pour ces armes ce que la patine est pour les monnaies et les statues en bronze, une preuve de leur antiquité. L'incrustation existe sur tous les silex dans certains lits de gravier ; elle est probablement due à une filtration d'eau qui a déposé graduellement sur les silex et les cailloux, des matières calcaires provenant des sables imprégnés de craie qui sont au-dessus. C'est sans doute un travail de temps, ayant commencé aussitôt après la formation des lits et se continuant peut-être encore. Si, par conséquent, les instruments de silex avaient été enterrés dans ces lits, à une date postérieure à l'introduction des autres silex et cailloux qui ont été trouvés avec eux, nous pourrions supposer qu'ils seraient les uns et les autres vierges d'incrustations, ou, dans tous les cas, qu'ils seraient moins chargés de matières calcaires ; ni les instruments ni les cailloux ne paraissent cependant pas être dans ce cas ; mais tous les silex, dans ces couches particulières, qu'ils soient travaillés ou non, sont incrustés de la même façon. L'existence de cette couche, sur les armes, prouve aussi qu'elles ont été réellement extraites par les ouvriers, des lits dans lesquels ils disent les avoir trouvées, et qu'elles ne proviennent pas des lits supérieurs ni de la surface du sol.

Une autre preuve équivalente existe dans la décoloration de la surface des instruments. Il est bien connu que ces instruments se colorent souvent à une profondeur considérable de leur surface, par l'infiltration d'une matière colorante de la matrice dans laquelle ils ont été trouvés, ou de quelque changement moléculaire dû probablement à une action chimique.

Si ces instruments avaient été déposés dans les lits de gravier, de sable ou d'argile, à une période postérieure à celle des autres silex qui y sont adjacents, on pourrait s'attendre à ce que quelque différence de couleur témoignât de leur récente introduction. Mais, dans tous les cas, autant que je puis le certifier, ces silex travaillés étaient décolorés précisément par les mêmes effets que les silex bruts trouvés dans les mêmes positions. Les instruments provenant des lits les plus ocracés sont tachés de brun rougeâtre à une certaine épaisseur sous leur surface ; ceux trouvés dans l'argile ont subi quelques changements de condition et sont devenus, en apparence, blancs comme la porcelaine, tandis que la couleur de ceux qui ont été extraits des sables calcaires n'a presque pas subi d'altération.

Cette évidence, ainsi que celle de la couche calcaire, ont deux valeurs différentes ; toutes deux prouvent la durée du temps pendant lequel les instruments sont restés fixés dans la matrice, et viennent corroborer les dires des ouvriers concernant leurs positions quand ils furent trouvés. Un petit nombre de ces instruments présente une apparence plus ou moins polie ou usée par l'eau ; une preuve plus concluante que celle-ci, c'est qu'on peut facilement admettre que ces instruments de silex ont été déposés là, où on les a trouvés, par l'action entraînante de l'eau. En dehors de ceci, la longue suite de preuves citées ci-dessus doit, je le pense, suffire à prouver aux autres ce qu'elles m'ont prouvé : que les conclusions auxquelles M. de Perthes était arrivé sur ce sujet étaient exactes, et que

ces silex travaillés étaient tout aussi bien des parties primitives du gravier, que les autres pierres qui le com-
posent [1].

Mais combien cette conviction ne s'agrandit-elle pas
dans mon esprit quand, à mon retour en Angleterre, j'ap-
pris que des découvertes d'armes et d'instruments, précisément semblables y avaient été faites il y a soixante ans
dans des circonstances analogues. Il y a dans le treizième
volume de « *The Archæologia* » page 204, une description
d'armes de silex découvertes à Hoxne, en Suffolk, com-
muniquée par John Frère, Esq. F. R. S. et F. S. A., le
22 juin 1797. Quelques-uns de ces instruments furent pré-
sentés à cette Société et existent encore dans notre Musée.
Ils sont si identiques à quelques-uns de ceux de la vallée
de la Somme, qu'on pourrait supposer qu'ils ont été faits
par la même main. M. Frère remarque que ce sont évidemment des armes de guerre, fabriquées et employées par un
peuple qui ne connaissait pas l'usage des métaux, et que,
s'ils n'ont pas en apparence un caractère particulier de
curiosité, ils pourraient être considérés comme tels, vu la
situation dans laquelle ils furent trouvés. Il ajoute qu'ils
sont en grand nombre, à une profondeur de 3 mètres 60

[1] Depuis la lecture de ce travail, Amiens et Abbeville ont été
visités par plusieurs géologues distingués, entre autres par sir Charles
Lyell, qui, dans son discours à la Section géologique de l'Association Britannique au *meeting d'Aberdeen*, en 1859, a approuvé
les observations de M. Prestwich. — M. Gaudry, au nom de l'Aca-
démie des Sciences française, et M. Ponchet, de Rouen, au nom de
la ville de Rouen, ont aussi fait des recherches à Amiens, et ont,
tous deux, été assez heureux pour découvrir des spécimens d'instruments dans les tranchées faites sous leur propre surveillance
(*Comptes-Rendus*, tome XLIX, n° 13, et *Rapport* de M. Ponchet).
Voir aussi le discours de lord Wrottesley à l'Association Britannique à
Oxford, en 1860 : quelques autres faits qui sont parvenus à ma con-
naissance depuis que ce travail a été lu ont été insérés dans le
texte.

environ dans un sol stratifié qui fut exploité dans le but de trouver de la terre à briques ; l'assise était disposée horizontalement et les silex présentaient leurs taillants à l'extrémité de la couche supérieure. La section est ainsi décrite par lui, savoir :

1° Terre végétale, 0^m, 45 ;

2° Argile (terre à briques), 2^m, 28 ;

3° Sable mélangé de coquillages et d'autres substances maritimes, 0^m, 30.

4° Sol graveleux dans lequel les silex sont trouvés généralement à raison de cinq ou six dans un yard carré (91 centimètres), 0^m, 61.

L'analogie, qui existe entre cette section et quelques autres du voisinage d'Abbeville et d'Amiens, est remarquable ; car là aussi on annonce que les armes ont été trouvées dans le gravier, sous la couche de terre à briques.

Dans le lit de sable (n° 3) quelques ossements extraordinaires furent trouvés, particulièrement un os maxillaire d'une énorme grosseur, encore garni de ses dents, qui fut présenté à M. Ashton Lever, en même temps qu'un grand fémur trouvé à la même place.

Je communiquai de suite une aussi remarquable confirmation de nos idées à M. Prestwich, qui ne perdit pas de temps et se rendit à Hoxne, où je suis allé plusieurs fois depuis avec lui. Nous y trouvâmes la briqueterie encore en opération ; mais, naturellement, la section était considérablement altérée depuis la visite de M. Frère.

La section de l'endroit que l'on fouillait, lorsque nous vîmes la carrière pour la première fois, était comme il suit :

1° Sol de la surface et quelques silex bruts, 0^m, 61 ;

2° Terre à briques consistant en une argile sablonneuse,

légérement brunie, divisée par une couche irrégulière de tuffe, 3ᵐ, 63 ;

3° Sable jaune et gravier sub-angulaire, de 0ᵐ, 15 à 0ᵐ, 30 ;

4° Argile grise, tourbeuse par places, et contenant des ossements, du bois, et des coquillages d'eau douce et de terre, de 0ᵐ, 61 à 1ᵐ, 22 ;

5° Gravier de silex sub-angulaire, 0ᵐ, 60 ;

6° Argile bleue contenant des coquillages d'eau douce, 3ᵐ, 05 ;

7° Argile tourbeuse avec beaucoup de débris de bois, 1ᵐ, 83.

8° Argile dure, 0ᵐ, 30.

Nous nous assurâmes de la dureté de ces derniers lits en forant, car la fosse n'était pas exploitée au-dessous du lit d'argile n° 4. Les coquillages sont tous d'espèces encore existantes d'eau douce, ou de mollusques terrestres, tels que : « *Unio, Planorbis, Succinea, Bithinia, Valvata; Pisidium, Cyclas* et *Hélix*, et ne sont pas, comme l'a supposé M. Frère, d'origine maritime.

Un vieil ouvrier de la carrière reconnut un des instruments français aussitôt qu'il lui fut montré, et dit que beaucoup d'instruments pareils avaient été récemment trouvés en cet endroit, dans un lit de gravier qui, dans la partie de la carrière anciennement exploitée, atteignait quelquefois une épaisseur de 0 mètre 91 centimètres, à 1 mètre 20 centimètres. De grands ossements et des armes de silex furent trouvés mêlés sans distinction dans ce lit. Des ossements sont encore fréquemment trouvés dans la couche d'argile n° 4, et M. T. E. Amyot, de Diss, dont le père fut pendant plusieurs années trésorier de cette Société, possède un Astragalus d'un éléphant qui, on le croit, fut trouvé dans ce même lit ; il a aussi une variété d'autres restes de mammifères provenant de cette carrière.

Pendant l'hiver de 1858 à 1859, les ouvriers découvrirent deux instruments de silex (auxquels ils donnèrent le nom de *pierres de combat*) ; l'un d'eux fut retiré d'un tas de pierres par M. Prestwich dans la carrière. Il y en a plus de la forme ovale que de la forme de têtes de flèches. Depuis lors, plusieurs autres spécimens ont été découverts, principalement dans le lit de terre à briques n° 2. Un grand nombre d'autres armes qui ont été extraites à Hoxne, il y a quelques années, font partie de plusieurs collections : mais il n'existe pas de récit sur la vraie position dans laquelle elles furent trouvées ; à Hoxne, cependant, aussi bien qu'à Amiens, j'ai recueilli des témoignages oculaires sur ce point ; car, dans le gravier extrait d'une tranchée faite sous notre propre surveillance, j'ai moi-même trouvé un de ces instruments de la forme d'une tête de lance, dont la pointe a été malheureusement cassée par les ouvriers en creusant.

Elle devait être à une profondeur d'environ 2 mètres 45 centimètres de la surface : la section dans la tranchée se présentait ainsi : — sable et gravier ocracés couvrant le sable blanc, avec des parties graveleuses et des veines ocracées, 1 mètre 45 centimètres.

Fin gravier, environ, 0 mètre 38 centimètres.

Argile gris-clair et sable, 0 mètre 31 centimètres.

Lit irrégulier de gravier grossier, dans lequel l'instrument fut trouvé, 0 mètre 31 centimètres.

Argile gris-clair, tachetée de brun, contenant des coquillages d'eau douce (Bithinia), 0 mètre 70 centimètres.

Argile caillouteuse.

Cette tranchée était à l'extrémité du dépôt, non loin de l'endroit où les lits apparaissent sur le côté de la colline ; la section ci-dessus était distante d'environ 73 mètres, et la surface de la terre, à cet endroit, plus élevée de quelques pieds. Il faut observer que les lits de sable, de gravier et d'argile contenant des coquillages d'eau douce et des matières tourbeuses, atteignent une épaisseur d'environ 7 mètres 60 centimètres de plus que dans la tranchée, et c'est pour cela qu'ils penchent dans la direction opposée à la pente de la colline. La nature de ce dépôt est évidemment fluviale ou lacustre, et les lits, plus spécialement ceux d'argile, semblent devenir plus épais lorsque l'on arrive vers le milieu du lac ou du fleuve. Toutefois, la configuration de la surface du pays doit avoir été, quand le dépôt fut formé, bien différente de ce qu'elle est aujourd'hui, attendu que la terre élevée qui environnait le lac ou qui servait de berge à la rivière et dont les lits successifs ont dû être formés, a disparu aujourd'hui, comme l'a observé depuis longtemps M. Frère ; car, à la base de la colline, sur la pente de laquelle se trouvent les lits du diluvium, il existe une vallée arrosée par un petit ruisseau tributaire de la rivière nommée « *Waveney* : » cette vallée borde un côté de l'exploitation briquetière.

La question de savoir si ces lits de diluvium sont entièrement vierges, comme ceux d'une nature analogue à Abbeville et à Amiens, ne doit pas être mise en doute. A Hoxne ils reposent sur l'argile caillouteuse des géologues, et sont, par conséquent, d'une date plus récente, quoiqu'étant probablement plus anciens que la grande masse de gravier superficiel de la région, par lequel, en apparence, ils semblent être parfois recouverts.

Pourtant, Hoxne n'est pas le seul endroit en Angleterre où des instruments de silex aient été trouvés, dans de semblables conditions ; car, une autre arme, de la forme de la tête de flèche, m'a été obligeamment montrée au musée Britannique par M. Franks ; elle est ainsi décrite dans le catalogue de Sloane ; « N° 246. Arme Britan-

nique, trouvée avec une dent d'éléphant en face de
« *Black Mary's*, près de *Gray's inn lane* » — *Conyers*. C'est
un gros silex noir taillé en forme de pointe de lance. K 1.

Cet instrument ressemble précisément en tous points à
quelques armes trouvées à Hoxne et à Amiens. Il n'est
pas moins singulier qu'on en ait aussi trouvé en juxta-
position avec une dent et d'autres restes d'éléphant.

Il est satisfaisant de trouver ces exemples de la découverte d'instruments de silex de ce genre, consignés
depuis si longtemps, parce qu'ils placent, au-dessus de
tout doute raisonnable, l'idée qu'ils sont réellement le
travail de l'homme. Ils ont été exposés, comme armes,
dans nos musées, pendant plusieurs années, et leur
caractère artificiel n'a jamais été mis en doute ; du
reste, il n'aurait pu l'être par un observateur im-
partial.

Il s'est présenté d'autres exemples de la découverte de
pareils instruments en Angleterre ; mais les circonstances
exactes de ces découvertes au point de vue géologique ne
sont pas encore connues. Dans le catalogue des antiquités
de la collection de M. Bateman [2], le n° 787 C, faisant partie
des objets trouvés en 1850, est ainsi enregistré : « huit
instruments trouvés près de Long Low, Wetton, parmi
lesquels il s'en trouve un très-grand, ressemblant à quelques-uns représentés dans « *The Archæologia*, vol. xiii,
p. 204. » M. Bateman m'informa que ces armes furent
trouvées près de la surface, circonstance qui n'altère aucu-

---

[1] Ce K signifie que l'arme fait partie de la collection de Kemp ; une
gravure grossière de cette arme, orne une lettre écrite sur les antiquités de Londres, par M. Bagford, datée 1715, imprimée dans
l'édition de Hearne de la *collectanea* de Leland, vol. 1, p. ix iij.
D'après ce récit, il semble que cette arme ait été trouvée avec un
squelette d'éléphant en présence de M. Conyers.

[2] Bakewell, 1855, p. 59.

nement la question de leur antiquité. Dans la collection de M. Warren de Ixworth sont aussi deux spécimens d'instruments, dont un cassé, du type des têtes de lance; ils furent trouvés à Icklingham (Suffolk), parmi le gravier remué dans la vallée de la Lark. J'ai visité, avec M. Preswich, l'endroit où ils furent découverts, mais notre visite ayant été faite trop précipitamment, une nouvelle investigation est nécessaire avant de citer ce fait comme une conclusion de la découverte des instruments dans le diluvium vierge. Il n'est rien cependant que l'on puisse opposer à une telle hypothèse sur la nature du diluvium de cette contrée, dans lequel nous trouvâmes également des traces d'ossements de mammifères.

En France, des instruments similaires des deux formes, la plus simple et la plus perfectionnée, ont été découverts par M. Gosse, en même temps que les restes de mammouth et d'autres animaux dans les carrières de gravier de la Motte-Piquet, près de Paris. Je dois dire ici que cet endroit avait été désigné par M. de Perthes, quelques années auparavant, comme un de ceux dans lesquels on pouvait espérer faire une telle découverte. Je ne doute pas qu'avant peu de temps, les récits d'un grand nombre de découvertes d'instruments du même genre, faites dans des circonstances analogues à celles de Hoxne et de la vallée de la Somme, auront été publiées, et que l'existence de l'homme sur la terre, antérieurement à la formation de ces dépôts diluviens, sera admise par tous comme un fait acquis.

Quelle fut la race d'hommes par qui ces instruments furent façonnés et à quelle époque vécurent-ils exactement? Cela donnera probablement toujours matière à conjectures. Peut-on faire remonter l'existence de l'homme sur la terre au-delà des limites de la chronologie Egyptienne ou Chinoise, ou, peut-on admettre que, la formation de ces lits du diluvium et l'époque à laquelle le mammouth et le rhinocéros, ainsi que le grand ours de caverne et son compagnon le tigre, erraient dans toute cette contrée, seraient plus rapprochées de nos propres jours qu'il n'a été supposé jusqu'ici? Ce sont là des questions qui n'admettent pas une prompte décision.

Toutefois, il faut convenir, selon moi, que nous avons maintenant une grande, je puis dire une concluante évidence de la co-existence de l'homme avec ces mammifères dont les races sont éteintes. Le fait même de la découverte des instruments de silex au milieu du gravier, qui contenait aussi des ossements ou des dents de mammouth et de rhinocéros, n'est pas de nature à prouver que les hommes qui les fabriquèrent vécurent en contemporanéité avec ces animaux. Les ossements de ces derniers auraient pu, en certaines circonstances, être enlevés d'un gravier plus ancien par l'action de l'eau, comme, par exemple, le débordement d'un fleuve, puis avoir été emmenés avec les restes des produits de l'homme, et déposés ensemble pour former un nouveau gravier. Mais, ce cas ne paraît probable ni à Hoxne, ni dans la vallée de la Somme.

Les ossements ne sont qu'un peu ou pas du tout usés; il n'en aurait pas été de même s'ils avaient passé par les déplacements indiqués plus haut : d'autant plus que la seule altération que leur structure ait subie est la perte de leur gélatine ; mais avant tout, il existe le fait que dans les lits les plus bas des carrières de sable à Menchecourt, ceux dans lesquels les silex ont été trouvés, le squelette d'un rhinocéros [1], presqu'intact, fut découvert ; il n'est donc

---

[1] Voir le Mémoire Géologique sur le bassin d'Amiens, par M. Ravin, dans les *Mémoires* de la Société d'émulation d'Abbeville, 1838, p. 196.

pas possible de supposer là le cas d'un diluvium reformé. Les ossements de la jambe de derrière d'un rhinocéros furent trouvés à la même place, tous dans leur position normale, comme si les ligaments avaient encore été attachés au moment du dépôt.

J'ai déjà dit qu'il était possible que les lits de Menchecourt, qui contenaient ces restes, étaient plus récents que ceux d'un niveau plus élevé; mais la présence, dans ces lits, en plusieurs circonstances, de squelettes et de membres, presque intacts, de mammifères de race perdue, est de la plus haute importance dans cette question.

Un autre argument, que nous ne devons pas laisser échapper, existe en faveur de la co-existence de l'homme avec ces animaux dont la race a disparu.

S'il n'y avait eu qu'un seul exemple de la découverte d'instruments de silex, conjointement avec les ossements et les dents de ces animaux, la prétention que ces instruments et ces restes de mammifères provenaient de deux sources différentes et appartenaient à deux époques tout-à-fait distinctes, serait difficile à réfuter; mais, quand nous considérons que les exemples de ces découvertes sont déjà nombreux et qu'on en trouve dans des localités très-éloignées les unes des autres, la discussion est impossible.

Nous avons trouvé à différents endroits, autour d'Abbeville, des instruments de silex mélangés avec les restes du mammouth, du rhinocéros et d'autres animaux de race anéantie. A Saint-Acheul, près d'Amiens, nous avons trouvé la même chose; dans les fosses de la Motte-Piquet, on a trouvé ces instruments avec les restes du mammouth, du *Cervus tarandus priscus*, du *Bos primigenius*, et probablement de la caverne à lions; à Hoxne, ils ont été trouvés avec le mammouth et des restes d'autres animaux; et dans *Grey's inn Lane* avec les restes d'un éléphant. Cette répétition de la constante réunion des deux sortes de vestiges prouve certainement que les animaux auxquels appartenaient les ossements, vivaient à la même époque que la race d'êtres intelligents qui façonnèrent les armes de silex.

On a opposé un autre argument contre leur co-existence ; on prétendait que des ossements humains n'ont jamais été découverts en même temps que ceux des quadrupèdes de races éteintes. Mais on n'a pas dit non plus qu'ils aient été trouvés avec ces instruments qui sont reconnus par presque tous pour être le travail de la main de l'homme.

Il me paraît, de plus, très-douteux que des ossements humains n'aient pas été réellement trouvés avec ceux des mammifères de races éteintes, et surtout dans les cavernes-dépôts. En tout cas, c'est une négation très-difficile à prouver. Mais, même en l'admettant, n'y a-t-il pas eu des raisons qui expliquent pourquoi les restes humains sont rencontrés très-rarement, et même pas du tout, dans le diluvium, tels que ceux de la vallée de la Somme et de Hoxne ? Les restes de mammifères qui y furent trouvés sont, il est probable, principalement ceux d'animaux dont les corps morts ont été réduits à l'état de squelettes et laissés sur la face de la terre, avant d'être emmenés par les eaux, soit d'un cataclysme général, soit d'un torrent ou d'une rivière débordée, et ne sont pas simplement ceux d'animaux noyés par leur action. Tandis qu'on peut certainement admettre que les instincts naturels de l'homme l'auraient poussé à enterrer les morts, loin de la vue, et, qu'ainsi, il les aurait placés à l'abri des courants d'eau.

Il faut aussi se pénétrer qu'il n'y a pas de traces, dans aucun des endroits mentionnés, que le diluvium ait été occasionné par quelque chose comme une submersion générale de la contrée ou un déluge universel, attendu qu'il ne s'élève pas au-dessus des terrains les plus élevés ; de sorte qu'il n'y a pas de raison pour supposer que les eaux, qui ont formé le diluvium, aient causé quelque grande perte de vie humaine.

Il est assez curieux que nous ayons déjà des exemples de l'existence de créatures vivantes, prouvés jusqu'à la démonstration par d'autres raisons que celle de leurs vestiges : (car ceux-ci n'ont jamais été découverts) dans quelques-uns des chéloniens, des sauriens et des batraciens, du nouveau grès rouge et d'autres formations.

Les empreintes de pieds de ces animaux ou des ichnolites, sont trouvées en abondance, mais les ossements des espèces variées qui ont laissé ces souvenirs *« sur le roc pour toujours »* sont encore à trouver. Le D* Hitchcock n'énumère pas moins de cinquante-trois espèces de lits jurassiques, liais et triais de la vallée de *Connecticut* (Amérique septentrionale) dont l'existence n'a été déterminée que d'après les empreintes de leurs pieds.

Dans le *Pfahlbauten*, dernièrement découvert dans les lacs de la Suisse, et ailleurs encore, quoique des instruments de toutes sortes aient été trouvés en grande abondance, les restes humains y sont d'une rencontre excessivement rare. C'est cependant presqu'au-delà des bornes de la probabilité de supposer que les instruments de silex du diluvium sont des restes d'une race d'hommes qui, pareils à ceux qui construisirent le *Pfahlbauten*, placèrent leurs demeures sur des îles artificielles, quoiqu'étant d'une antiquité beaucoup plus reculée que ces derniers.

La question de la contemporanéité de l'homme, du mammouth et d'autres animaux de la même époque, est d'une grande importance, comme étant le meilleur, sinon le seul moyen de fixer une date approximative à ces instruments de silex ; bien que par la nature

de toute évidence géologique, et, en admettant la possibilité que les mêmes résultats sur la surface de la terre, se
produiraient dans une période de temps plus ou moins éloi-
gnée, selon la plus ou moins grande énergie de l'agent qui
en serait la cause, une opinion sur leur âge sera toujours
sujette à contradiction. Mais si la co-existence de l'homme
avec *cette faune*, maintenant éteinte, est prouvée, la base
d'induction pour arriver à quelque jugement sur l'antiquité de l'homme est très-étendue ; car la condition et
l'âge probables des lits de diluvium contenant seulement
les vestiges de mammifères, sans restes d'êtres humains,
entreront alors, comme des éléments favorables, dans le
calcul. Toutefois ce serait prématuré d'en dire plus aujourd'hui sur ce point.

J'ajouterai seulement que la présence dans le diluvium
de la vallée de la Somme, du *Cyrena consobrina* ou *trigo-
nula*, un bivalve qui n'existe plus en Europe, quoiqu'étant
encore trouvé dans les eaux du Nil, et qui est fréquemment
rencontré avec les restes de l'éléphant dans le diluvium de
nos vallées, est aussi d'une certaine valeur, lorsqu'il s'agit
de l'âge de ces lits contenant les instruments.

Si nous sommes forcés de laisser les restes des mammifères en dehors de la question, il ne me paraît pas facile,
au point où nous en sommes, d'assigner un âge, même
approximatif, à ces dépôts ; abondants comme ils le sont
sur toutes les pentes de la vallée de la Somme, près
d'Amiens et près d'Abbeville ; il y a une grande difficulté
pour arriver à une idée exacte des circonstances dans lesquelles ils furent formés, et plus encore de l'époque de leur
formation. Les argiles, les sables et les graviers paraissent
avoir été déposés par l'action d'un torrent parfois rapide,
puis arrêté de manière à former un lac ou une série de
lacs. Mais il est évident que ceci n'a pu s'effectuer dans
la configuration actuelle de la vallée de la Somme ni de

la contrée près de Hoxne. Il doit y avoir eu à ces endroits une différence considérable dans la surface de la terre, dans les premiers temps, pour que de tels dépôts aient pu se produire ; mais, ce que la configuration était au temps de leur formation, et combien de temps il s'est écoulé pour qu'elle soit devenue ce qu'elle est aujourd'hui, ce sont des questions pour le géologue plutôt que pour l'antiquaire, et leur étude demandera même plus de faits que ce dernier ne pourrait citer avec certitude. Ainsi, il paraît établi au-delà du doute, que dans une période d'antiquité, très-éloignée de celle dont nous avions jusqu'ici trouvé des traces, cette partie du globe était peuplée par l'homme, et que la race humaine a ici été témoin de quelques-uns de ces changements géologiques par lesquels ces lits, appelés diluvium, furent déposés. Qu'ils aient été le résultat de quelques torrents violents tels qu'il peut y en avoir eu quand « *les fontaines du grand Océan furent brisées, et que les fenêtres du ciel furent ouvertes,* » ou qu'ils fussent l'effet d'une action plus graduelle, analogue en caractère à quelques-unes de celles qui se produisent actuellement le long de nos ruisseaux, de nos fleuves et de nos rivières ; il peut y avoir matière à discussion. Dans tous les cas un fait important reste indiscutable : c'est que le sol d'Amiens, qui est maintenant à 48 mètres environ au-dessus du niveau de la mer, et à 27 mètres environ au-dessus du niveau de la Somme, a, depuis l'existence de l'homme, été submergé par l'eau douce, et un dépôt aqueux de 6 à 9 mètres d'épaisseur dont une partie, selon toute probabilité, doit avoir été déposée par l'eau tranquille, a été formé sur sa surface ; et ceci a eu lieu dans un pays dont le niveau est maintenant fixe et dont la surface n'a été que légèrement changée depuis que les Gaulois et les Romains y construisirent leurs sépulcres, dans la couche couvrant le diluvium qui contient ces restes d'une race d'homme d'une époque beaucoup plus reculée. Je ne m'arrêterai pas plus longtemps pour discuter quel fut le laps de temps qui sépara les races primitives dont les restes sont ici trouvés à l'état fossile, des plus anciens habitants du pays signalés par l'histoire ou la tradition. Mon but est d'amener ceux qui ont occasion d'examiner les lits du diluvium dans lequel les restes de mammifères ont été trouvés, de le faire avec l'intention de trouver aussi, dans ces lits, des instruments de silex façonnés par l'art et le génie de l'homme. Il n'est pas surprenant que ces instruments, si grossiers, eussent fréquemment échappé à l'observation, surtout si nous considérons que les savants, qui ont examiné ces dépôts du diluvium, ont plutôt recherché des restes organiques que des restes du travail humain, et que les ouvriers, dont les regards peuvent avoir été attirés momentanément sur ces instruments, les ont rejetés comme n'étant pas dignes de leur attention. Je puis citer, comme un exemple, que, dans une fosse près de Peterborough, où M. Prestwich montra un des spécimens d'Abbeville aux ouvriers, ces derniers lui assurèrent qu'ils en avaient fréquemment trouvé de pareils, et qu'ils les avaient considérés comme des pierres à fronde ; mais ils ne les avaient pas conservés, et je ne pus, en visitant l'endroit, en trouver aucune trace.

Il faudrait trop de temps et d'espace pour dresser une liste des localités d'Angleterre où il existe du diluvium renfermant des restes de mammifères d'un caractère analogue à ceux qui contiennent des silex travaillés. Le long des bancs de la Tamise, le long de la côte orientale d'Angleterre, de la côte occidentale de Sussex, des vallées de l'Avon, du *Severn*, de l'*Ouse* et de beaucoup d'autres rivières, enfin presque partout en Angleterre on a trouvé des restes de l'*Elephas primigenius* et de ses contemporains. Chacun de vous doit connaître quelques-unes de ces localités, qu'il y cherche alors des instruments de silex tels que ceux que j'ai décrits, et qu'il concoure à déterminer la question importante de leur date. Un nouveau champ est offert aux recherches, et ceux qui s'en occupent trouveront, je n'en doute pas, leurs labeurs amplement récompensés.

F N.

www.ingramcontent.com/pod-product-compliance
Ingram Content Group UK Ltd.
Pitfield, Milton Keynes, MK11 3LW, UK
UKHW031746170726
13836UKWH00002B/901